クロスワードパズル

ヒント
→ ヨコのカギ

1. お金を持っていなくても、このカードがあれば買い物できる。支払いは後払い方式。
7. よいめぐり合わせ。運のよいこと。＿＿＿の女神。
8. 振るとリンリン♪と、かわいい音がするボール状の小さな鳴り物。
10. お金などを貸すこと。あの人には＿＿＿がある。
11. 中国では、これがお金の先祖。貨、財、貢などの漢字にも使われている。
12. 湖や沼などにいる、野生のカモのなかま。
14. 昔は海賊が出ることで有名だったが、いまは観光地として人気のメキシコ湾の南の海。東京ディズニーランドの「＿＿＿の海賊」は開園当初からのアトラクション。
16. 肩からのびた身体の一部で、技術力のたとえにも使われる。＿＿＿のよい大工さん。
18. 香川県の昔の国名。コシのある名物うどんに名前が残っている。
20. 前もって保険料というお金を支払っておくと、だれかが亡くなったときや入院したときに、ここがお金を支払ってくれる。
22. サメの別の呼び名。＿＿＿ヒレは高級食材。
23. 実力が同じレベルのこと。どちらも一歩も引かない＿＿＿の戦い。
24. 年を取って働けなくなったときに、国からもらえるお金。
25. 根っこのこと。自分の先祖のことも英語でこう表現する。

お金のヒミツ なぞとき図鑑

【監修】泉 美智子
公立鳥取環境大学
経営学部経営学科准教授

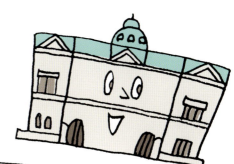

近代セールス社

はじめに

「もっとおこづかいが増えればなあ……」「将来、お金持ちになりたい！」こんなふうに思ったことはありませんか。

そもそもお金って、何なのでしょう。世の中のために必要なもの？　たくさんあれば幸せになれるもの？　それとも、本当はこわいものでしょうか？

お金はみなさんの身近なところにあるものですが、その正体はよくわかりませんよね。ちょっと考えてみると、じつはお金にはなぞがいっぱいあることに気がつくと思います。

この本は、お金の勉強をするための、むずかしい本ではありません。

ヒミツがたくさんつまった「お金」というものについて、いろいろな見方をしてみたり、考えたりしてもらうための本です。

この本を読んで「なるほど」と思ったり、不思議に思ったりしたことは、ぜひ、お父さんやお母さんにも話してみてください。

話しているうちに、また新しいなぞが出てくるかもしれません。おうちの人といっしょに考えてみましょう。

この本に登場するキャラクター

ひでくん
小学4年生の男の子。
ひらめきと直感で、
お金のなぞを解き明かす。

金の助
なぞの宇宙生物。お金の
大切さを知ってもらう
ため、地球へやってきた!?

なっちゃん
小学4年生の女の子。
しっかり者で、
算数が得意。

もくじ

はじめに …………………………………………………………… 2

第1章 お金のなぞ

- お金は、だれがどこでつくっているの？ ……………………… 4
- お金の一生はどうなっているの？ ……………………………… 6
- お札は、コピーすれば使えるの？ ……………………………… 8
- お金は、いつからあるの？ ……………………………………… 10
- 日本のお金は外国で使えるの？ ………………………………… 12
- カードやスマホが「お金の代わり」になるの？ ……………… 14
- ゲームで使う「お金」って、どうなってるの？ ……………… 18

第2章 くらしの中のお金

- 値段は、どうやって決まるの？ ………………………………… 20
- お父さんやお母さんがもらう「給料」って何？ ……………… 24
- 銀行や信用金庫ってどんなところ？ …………………………… 28
- お金を預けるって、どんなこと？ ……………………………… 30
- お金が出てくるスゴい機械「ATM」って何？ ……………… 32
- 銀行はだれにでもお金を貸してくれるの？ …………………… 34
- お年寄りがもらう年金って何？ ………………………………… 36
- 100円の物が、なぜ108円なの？ …………………………… 38
- 株って何だろう？ ………………………………………………… 40
- 保険は何のためにあるの？ ……………………………………… 42
- おとなになるまでにいくら必要？ ……………………………… 44
- お金をムダづかいしない方法は？ ……………………………… 46

第1章 お金のなぞ

お金は、だれがどこでつくっているの?

造幣局
貨幣（硬貨）をつくるところ

材料づくり
金属を溶かして引き延ばし、硬貨の材料※をつくる

打ちぬく
延ばした金属の板から、丸い硬貨の形に打ちぬく

国立印刷局
紙幣をつくるところ

紙づくり
紙幣の材料になる紙をつくる

印刷の準備
お札の図柄が描かれた「版面」を印刷機にセットする

お金が生まれるところ

　お金には、100円玉や500円玉など金属でできたものと、千円札や1万円札など紙でできたものの2種類があります。
　金属でできたものを貨幣（硬貨）、紙でできたものを紙幣（お札）といいます。

　硬貨は「造幣局」、紙幣は「国立印刷局」という国の関連組織でそれぞれつくられています。硬貨や紙幣のくわしいつくり方は秘密です。みんなが勝手につくらないようにしなくてはいけないからです。

※たとえば500円玉の材料は、銅と亜鉛とニッケルを混ぜてつくられている。

新しくつくるお金の量はだれが決めるの？

紙幣は、正式には「日本銀行券」と呼ばれています。紙幣を何枚印刷するかは、日本銀行※が決めています。また、硬貨は政府の財務省という役所で、何枚つくるかを決めています。

つくられた硬貨は財務省を経由して、紙幣は国立印刷局から直接、日本銀行に運ばれます。
その後、日本銀行から銀行などの金融機関にわたり、みなさんの手元にとどきます。

※お札を発行できる日本でひとつだけの銀行。国立印刷局から新しいお札を受け取り、世の中に送りだす。

模様をつける
機械で硬貨の模様をつける

検査
機械で硬貨の模様を検査する

表と裏の模様が同時につくのよ

財務省

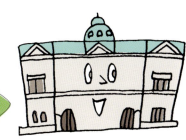
日本銀行

印刷

紙の上にお札の図柄を印刷する

検査
決められたサイズに切り分けたあと、検査して1000枚ずつの束に仕上げる

特別な機械だよ

ホログラムをはる
1万円札と5千円札には、見る角度によって模様が変わるホログラムをはる

お金のクイズ

2015年度につくられた硬貨は全部で何枚？

❶ 約1億枚
❷ 約10億枚

答え⇒7ページ

5

第1章 お金のなぞ

お金の一生はどうなっているの？

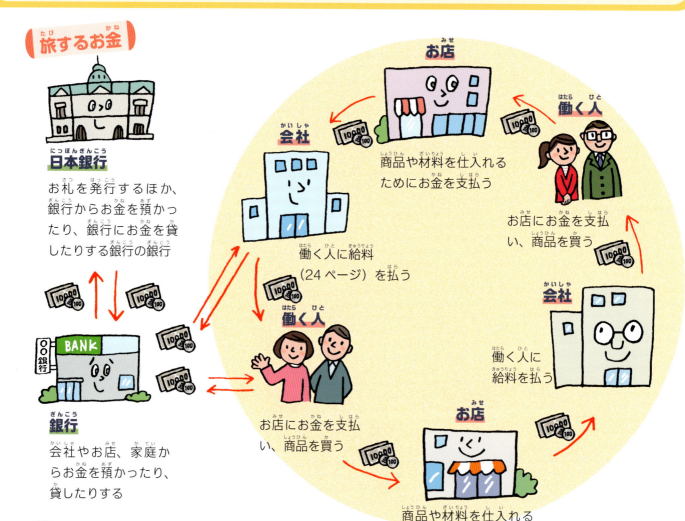

お金の流れを見てみよう

　日本でつくられた硬貨やお札は、いったん日本銀行に集められ、その後、全国各地の銀行にわたります。銀行は、会社やおうち（家庭）のお金を預かったり、貸したりしています。

　会社は、その会社で働く人に給料としてお金を支払います。働く人は、お店（商店）でお金を支払って物を買います。会社やお店にお金が貯まれば、そのお金は銀行で預かってもらいます。銀行は、すぐに使わないお金を日本銀行に預けます。

　こうしてお金は、世の中をぐるぐると回っています。

古くなったお金はどこへ行くの？

　破れたり、よごれたりした古いお金は、銀行に持ちこめば新しいお金と交換してもらえます。銀行は古いお金を日本銀行に送ります。日本銀行では、集まった古いお金が偽物ではないかどうか、まだ使えるかどうかをチェックします。そして、本物だけど、よごれのひどいお金は、リサイクルされ、別の物に生まれ変わります。

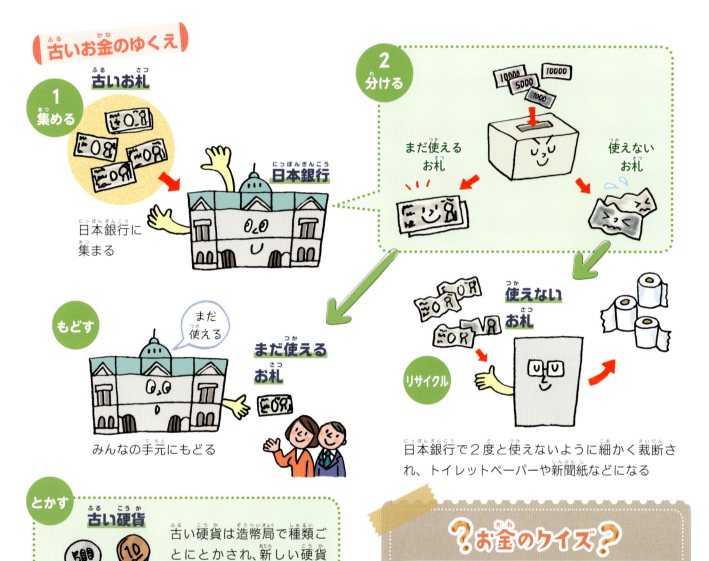

第1章 お金のなぞ

お札は、コピーすれば使えるの？

お札をコピーするのは犯罪！

偽物のお金が世の中に出回ると、みんなが「このお金は本当に使えるの？」と信用しなくなり、社会が混乱します。

そのため、お札をコピーすることや、お札が偽物だとわかっていながら使ったり、人にわたしたりすることは犯罪として罰せられます。たとえいたずらであっても、お札をコピーしてはいけません。

つくる
偽札をつくることも使うことも犯罪になる

コピーする
お札をコピーすると、白紙が出たり、機械の中にお札をコピーしたという記録が残ったりする

偽札をつくらせないための技術

お札の紙には、国立印刷局で特別につくられた紙が使われているため、独特な手ざわりがあり、偽札とはさわった感覚がちがいます。

さらに、お札にはすかしの技術や特別なインクが使われ、とても細かい線や小さい文字などが入っているので、コピー機を使ってももとのお札と同じようには複写できないようになっています。万が一、偽札がつくられても、こうした高度な技術が取り入れられているおかげで、偽物と見破ることができます。

これが偽札防止のスゴ技だ！

見る

小さな文字で「NIPPON GINKO」と書かれている

光にすかすと、福沢諭吉の絵が見える

光にすかすと、すき入れられた3本の縦線が見える

お札をかたむけると、はしの部分がピンク色に見える

角度を変えると、画像の色や模様が変わる

特殊な光を当てると、ハンコ（印章）と模様の一部が光る

さわる

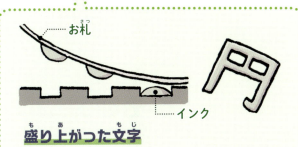

盛り上がった文字
「壱万円」の文字や模様は、インクが表面に盛り上がるように、特別な技術で印刷されている

お金のクイズ

2千円札にあるマークはどれ？

❶　❷　❸

答え⇒11ページ

7ページの答え…②。日本銀行では、残っている面積が3分の2以上の場合は全額、5分の2以上、3分の2未満の場合は半額と交換してもらえる。

第1章 お金のなぞ

お金は、いつからあるの？

お金の誕生と歴史

物ぶつ交換
ほしい物と交換する

紀元前1500年ごろ（今から3500年前ごろ）

紀元前800年ごろ（今から2800年前ごろ）

刀幣
中国で刀のような形をしたお金「刀幣」が紀元前700年ごろから使われた

貝貨

中国では、貝殻をお金として使っていた

布幣

中国では、農具の形に似せた銅をお金として使っていた。これは布幣とよばれた

富本銭

日本で7世紀後半（683年ごろ）につくられていた銅銭で、最古のお金と考えられている

お金のはじまり

お金ができる前は、「物ぶつ交換」といって、自分の持っている物を、ほかの人の物と交換し、ほしい物を手に入れていました。でも、野菜を魚に交換したくても、目の前の人が魚を持っていなければ、交換できません。

そこで、人びとは自分のほしい物を手に入れるため、自分の物を米や塩、貝がらなどにいったんかえ、ほしい物があるときに米や塩、貝がらなどと交換できるようにしたのです。

その後、紀元前800年ごろ（今から2800年前ごろ）から、中国で貝がらの代わりに、もっと長く保管でき、多くの人がほしいと思う金属（銅・金・銀）を「お金」として使うようになりました。

お金の移り変わり

日本で最初にお金がつくられたのは古墳時代（3世紀半ばから7世紀末ごろ）の後半と考えられています。

12世紀になると、日本ではお金がつくられなくなり、中国からお金を輸入して使っていました。その後、輸入したお金や、商人がつくったお金などが長い間使われていました。

17世紀の初めに、江戸幕府が金や銀のお金（金貨、銀貨）をつくり、日本中のお金が統一されました。明治時代に入ると、お金の単位が大きく変わり、「両」から「円」になりました。

宋銭
銅が不足したため、日本国内でお金をつくるのをやめ、宋（今の中国）から宋銭を輸入して使った

国立銀行紙幣
1873年、明治時代に初めてつくられたお札。明治政府は国立銀行にのみお札をつくることを許可した

古墳時代（3世紀半ばから7世紀末ごろ）
平安時代（794年から1192年）
江戸時代（1603年から1867年）
明治時代（1868年から1912年）

慶長小判
徳川家康によって、日本国内のお金を統一したときにつくられた金貨

❓お金のクイズ❓

このお金を発行した人物はだれ？

❶ 豊臣秀吉　❷ 聖徳太子

答え ⇒ 13ページ

9ページの答え…③。目の不自由な人がさわって種類がわかるように、お札によってことなるマークが、立体的に印刷されている。

第1章 お金のなぞ
日本のお金は外国で使えるの？

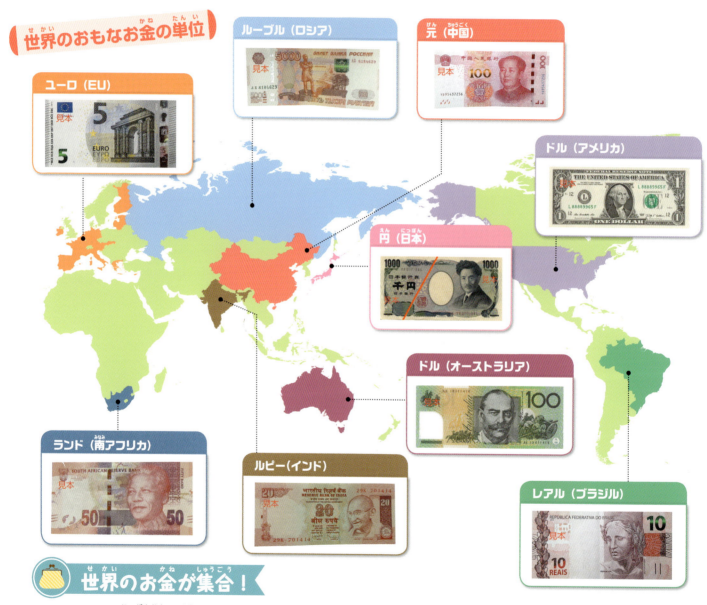

世界のおもなお金の単位

- ユーロ（EU）
- ルーブル（ロシア）
- 元（中国）
- ドル（アメリカ）
- 円（日本）
- ドル（オーストラリア）
- ランド（南アフリカ）
- ルピー（インド）
- レアル（ブラジル）

世界のお金が集合！

わたしたち日本人が使っているお金の単位は「円」ですが、海外ではちがう種類のお金を使っています。たとえば、アメリカのお金の単位は「ドル」、中国は「元」です。ヨーロッパ連合（EU）※では、むかしは国ごとにちがう種類のお金を使っていましたが、2002年から「ユーロ」という共通のお金を使う国が増えました。

※経済や政治などの分野で協力し、ヨーロッパの地域統合をめざす国の集まり。

外国で買い物する方法

外国で買い物をするときは、自分の国のお金を銀行や両替所に持っていき、外国のお金に交換（両替）しないと、その国で買い物することができません。

日本のお金が、いくらの外国のお金と交換できるかは、その日によって変わります。たとえば、あるときは1000円を8ドルと交換でき、あるときは12ドルと交換できるのです。このように、あるひとつの国のお金がほかの国のお金のいくらと交換できるかということを「為替相場」といいます。

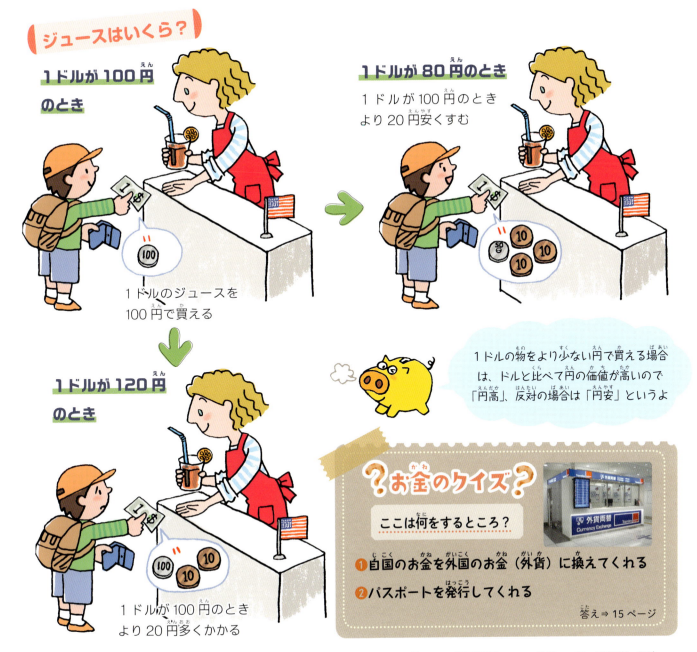

ジュースはいくら？

1ドルが100円のとき
1ドルのジュースを100円で買える

1ドルが80円のとき
1ドルが100円のときより20円安くすむ

1ドルが120円のとき
1ドルが100円のときより20円多くかかる

1ドルの物をより少ない円で買える場合は、ドルと比べて円の価値が高いので「円高」、反対の場合は「円安」というよ

お金のクイズ

ここは何をするところ？
① 自国のお金を外国のお金（外貨）に換えてくれる
② パスポートを発行してくれる

答え⇒15ページ

11ページの答え…①。天正長大判。1588（天正16）年に豊臣秀吉が発行した。

第1章 お金のなぞ

カードやスマホが「お金の代わり」になるの？

便利な電子マネーのしくみ

券売機
券売機に現金を入れ、ICカードにチャージ（入金）する。金額が減ったら、またチャージすることもできる

電子マネーの情報を伝える機械

自動改札機
ICカードの情報を確認し、運賃を計算する

ICカード
ICカードの電子部品の中に、「このカードの持ち主は○○です」という情報や、「残高がいくらあります」というデータが入っている

電子マネーって何？

電子マネーは、「現金と同じ価値がありますよ」というデータをICカードとよばれるカードに記録させ、電気信号を利用して、お金の情報をやりとりするしくみです。

電車の切符を買わなくても、駅の自動改札にICカードを「ピッ」とかざせば、電車に乗ることができます。改札を出るときには、あらかじめICカードに貯めておいた電子マネーから、運賃が自動的に引かれます。また、ICカードを使って買い物ができる売店や自動販売機もあります。このように、ICカードはお金の代わりに使うことができます。

携帯電話でも使える電子マネー

ICカードのほかに、スマートフォン（スマホ）や携帯電話にも、電子マネーの機能が使えるものがあり、これをお店のレジの読み取り機にかざせば、買い物ができます。財布やカードを持ち歩かなくても、スマホ1つで行動できて便利です。

お店では、「○○さんが電子マネーを△△円使いましたよ」という情報をコンピュータで管理します。その情報は、電子マネーを運営している会社（鉄道会社など）のコンピュータに送られます。

電子マネーの情報を読み取る機械
買い物をした分だけ、電子マネーの金額が減る

スマートフォン
画面にチャージしたお金が表示される

電子マネーの情報を伝える機械

カードやスマホをなくさないように気をつけなきゃ！

？お金のクイズ？

自動改札機を通り、電車に乗ることができるカードは？

❶ Suica（スイカ）
❷ nanaco（ナナコ）

答え⇒17ページ

13ページの答え…①。外貨両替所という。

カードやスマホが「お金の代わり」になるの？

クレジットカードのしくみ

電子マネーが登場する以前から、多くの人が使っているカードが「クレジットカード」です。これは、後払い形式のカードで、お店は、このカードを持っているお客さんを信用し、「お金は後からいただきます」と約束をして、商品を先にわたします。後日、クレジットカード会社から「お金を払ってください」と要求（請求※）されるので、その金額を支払います。

このときにお金が用意できないと、クレジットカード会社は損をしてしまいます。ですから、クレジットカード会社がクレジットカードを発行するときには、申しこんだ人がちゃんとお金を払える能力があるかどうかをくわしく調べます。

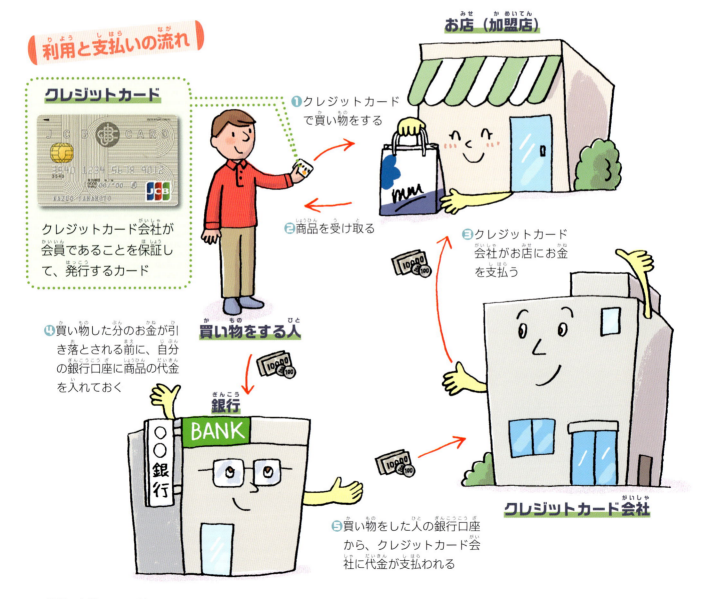

利用と支払いの流れ

クレジットカード
クレジットカード会社が会員であることを保証して、発行するカード

買い物をする人

お店（加盟店）

クレジットカード会社

銀行

❶ クレジットカードで買い物をする
❷ 商品を受け取る
❸ クレジットカード会社がお店にお金を支払う
❹ 買い物した分のお金が引き落とされる前に、自分の銀行口座に商品の代金を入れておく
❺ 買い物をした人の銀行口座から、クレジットカード会社に代金が支払われる

※ 代金を支払うように求めること。

クレジットカードのメリットと注意点

クレジットカードを使うと、手持ちのお金がないときでも、買い物をすることができます。また、インターネットでの買い物にも使えます。高価なものを買うときには、お金を何回かに分けて支払うこと（分割払い）もできます。

しかし、カードで1か月に使えるお金には限度があります。支払い期限までにお金が用意できないことが続くと、カードが使えなくなってしまいます。また、分割払いにすると、支払う金額と別に手数料が必要になります。

メリット
- 高い買い物でも、分割払いができる
- インターネットで買い物ができる
- 「ETCカード※」を車にのせることで、高速道路の料金所を通過するだけでお金を支払える

注意点
その場で現金を支払うわけではないので、つい使いすぎてしまう

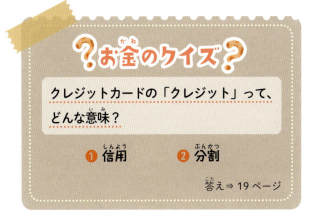

お金のクイズ
クレジットカードの「クレジット」って、どんな意味？

① 信用　② 分割

答え⇒19ページ

※クレジットカードの一種で、ETC（自動料金支払いシステム）を利用できるもの。

15ページの答え…①。「Suica」は、JR東日本が開発したICカード。「nanaco」はセブン＆アイグループが発行するICカード。

第1章 お金のなぞ

ゲームで使う「お金」って、どうなってるの？

ゲームの中の「お金」

スマホや携帯電話、パソコンで遊ぶコンピュータゲームの世界では、わたしたちがふだん使っているお金とはちがう種類のお金が使われています。無料でゲームを続けることもできますが、お金を払えば、優位にゲームを進めることができます。ゲームの中でお金を集めてゲームの中のお店に行けば、ほしいアイテムを買うことができるからです。

ゲームに夢中になりすぎないで！

① 準備完了

ゲームがスタート！
スマートフォン

② 無料で遊ぶ

ラッキー！
はじめはただで遊べる

③ ゲームオーバー

負けた
でも、敵を倒さないとゲームを続けられない

ただでゲームできると思っていたら……

　ゲームの中では、ほしいアイテムほど、金額は高くなります。ほしいアイテムを買うには、現実のお金を払って、ゲーム内で使えるお金を手に入れる方法もあります。

　ところが、ゲームのために支払った現実のお金は、携帯電話の使用料金といっしょにみなさんのお父さんやお母さんが支払うことになります。知らないで使ってしまうと、ある日とつぜん、何十万円もの請求書が届き、びっくりすることもあります。ゲームで使う金額はあらかじめ限度を決めておくなど、ルールを守って楽しむことが大切です。

4 アイテムを購入
安いアイテムを買おう
ゲームの中で100円を払えば、敵を倒すためのアイテムがもらえる

5 ゲームを続ける
勝った！
敵を倒せた！　でも、さらに強い敵が登場

6 さらに購入
もっと高いアイテムを買っちゃえ！
ほしいアイテムを買うために、どんどんお金を使ってしまう

7 請求書が届く
1か月後
請求が10万円!!
ゲームの中で使ったお金は、お父さんやお母さんがあとで支払う

第2章 くらしの中のお金

値段は、どうやって決まるの？

値段の決まり方①

あるパン屋さんの場合

1個 100円

商品をつくるためにかかったお金と、商品を売ったときのもうけを考えて、値段をつける

値段のしくみ

　物をどれくらいのお金に変えられるかをはかるものさしが、「値段（価格）」です。物を売ったり買ったりする場合、値段を見れば、物の価値が高いか低いかがひとめでわかります。値段は、かたちのある物だけではなく、美容院で髪を切ってもらったときのお金や、遊園地で遊ぶときの入園料など、人の活動というかたちのない商品（サービス）にもつけられます。

　物やサービスを売る人は、その物（商品）をつくるためにかけたお金と、売ったときに出る「もうけ（利益）」のお金を考えながら、値段をつけます。

ほしがる人はどのくらい？

あるパン屋さんが、メロンパン1個に100円の値段をつけて売り出しました。そのメロンパンをお客さんが買って食べたら、とてもおいしくて、たくさんの人がそのパンを買いたいといってきました。すると、100円より高い値段で売っても、メロンパンを買いたいと思う人が出てきます。

それとは反対に、食べたらまずくて、買う人が少なければ、パン屋さんは「値段をもっと安くするから、買ってください」と、値段を下げるでしょう。

このように、値段は、それをほしがる人たちの数によっても変わり、「売る人の売りたい価格」と「買う人の買いたい価格」のバランスによって決まってきます。

値段の決まり方②

ほしがる人が多ければ……値段は上がる

ほしがる人が少なければ……値段は下がる

ほしがる人が多いか少ないかで、物の値段が決まってくるのね

値段は、どうやって決まるの？

同じ物なのに、安いときと高いときがあるのはなぜ？

商品の値段は、いつも同じとはかぎりません。野菜や魚は、その年の天候によって十分な量を収穫できないことがあります。すると、野菜や魚をほしがる人は多いのに、お店に出回る量が少なくなるため、野菜や魚の値段は上がります。反対に、たくさんの量を収穫できると、野菜や魚の値段は下がります。

野菜の値段

ある年
たくさんの量を収穫できた。お店にならぶ数は多いので、値段は安くなる

次の年
台風や大雨などの天候不順によって収穫できる量が少ないと……
お店にならぶ数が少なくなるので、値段が高くなる

屋外の畑で育てられる野菜の値段は、天候に左右されやすい

値段が変わる原因はたくさんある！

おかしや文ぼう具、服など、工場でつくられる物の値段は、材料の値段が高くなったり、商品を運ぶトラックのガソリン代が上がったりすると、高くなります。

また、お店の場所によっても、物の値段は変わります。たとえば、同じ缶コーヒーでも、近所のスーパーで買うより富士山の山頂で買ったほうが値段が高くなります。これは、富士山の山頂まで缶コーヒーを運搬する費用がかかるからです。

また、時代が移り変わり、お金の価値が変化することによっても、値段は変わります。

クイズ　How much？

答え⇒25ページ

① まち

缶コーヒーが120円

まちの自動販売機で売られている缶コーヒー（190cc）1本の値段は120円

富士山

では、富士山頂の自動販売機で売られている缶コーヒー（190cc）1本の値段はいくら？

②　今　　むかし

『週刊少年サンデー』（2016年発売）

『週刊少年サンデー』（1959年発売）

お父さんやお母さんが子どものころ、今よりずっと安い値段で売られていたんだよ

2016年に売られたまんが雑誌（左）は1冊270円。では、1959年に売られたまんが雑誌（右）は1冊いくら？

第2章 くらしの中のお金

お父さんやお母さんがもらう「給料」って何?

パン屋さんで働く人の給料

給料

パンを売ったお金（売上）から、材料費や店の家賃などを差し引いたお金の一部が、給料としてもらえる

給料のしくみ

みなさんは、お店でおかしや文ぼう具、本などを買うとき、おこづかいを使いますね。そのおこづかいは、お父さんやお母さんからもらいますね。では、お父さんやお母さんは、いつ、どこで、お金をもらっているのでしょうか。

お父さんやお母さんは、働いている会社やお店からお金をもらっています。このお金を給料（給与、賃金）といいます。たとえば、パン屋さんでパンをつくる仕事や、レジを打つ仕事をしたとします。パンがたくさん売れれば、そのお金の中から、給料として働いている人にお金が支払われます。会社で仕事をしている人も、物をつくって売ったりサービスをしたりしてもらったお金の中から、給料をもらっています。

給料の決まり方

給料の決まり方は、職業や働き方によってさまざまです。たとえば、正社員とよばれる人は、毎日朝から夜まで仕事をして、毎月決められた金額の給料をもらいます。また、1日数時間だけ働くパートタイムという働き方もあります。こちらは、1時間ごとの給料が決まっていて、働いた時間に応じて、給料が変わります。

給料の金額は、その人の能力や仕事の内容によっても変わってきます。そのほかにも、会社の大きさや会社がもうかっているかどうか、会社に長く勤めているかどうかによって、ちがいが出てきます。

いろいろな働き方と給料の決まり方

正社員のAさん

週5日間、午前9時から午後5時まで働く。土日のほか、決まった日数は休みを取っても給料がもらえる。毎月決められた給料をもらう。それに加え、ボーナス（特別な給料）をもらうこともある

働き方って、いろいろあるね！

パートタイムのBさん

週3回、午前10時から午後3時まで働く。子どもの世話があるので、都合のいいときに働き、働いた時間の分だけ給料をもらう。ただし、たくさん休むと、それだけ給料が下がる

住宅メーカー（営業）のCさん

毎月決まってもらえる給料と、仕事の成績（住宅がどれだけ売れたか）に応じてもらえる給料がある

市役所のDさん

働き方は正社員のAさんと同じだが、給料は法律で決められた額が税金から支払われる

23ページの答え…富士山頂の缶コーヒーは400円。1959年の『週刊少年サンデー』は30円。

お父さんやお母さんがもらう「給料」って何?

給料という形でお金をもらわない人もいる

会社で働いている人は会社から給料をもらいますが、すべての人が「給料」という形で収入を得ているわけではありません。

たとえば、農業をしている人や漁業をしている人は、とれた物を売って得たお金が収入になります。

また、自分でお店を開いている人は、お店で物をお客さんに売った分のお金から、材料費やそのお店で働く人への給料などを差し引いた分が収入となります。

いろいろな職業と収入

農業を営む人

つくった作物を農業協同組合で売る。またはお客さんに直接売る。売ったお金が収入になる

ラーメン屋さん

ラーメンをつくって売る。ラーメンをつくるための材料費や、働く人への給料を引いた分が自分の収入になる

たくさんかせげる仕事は？

テレビに出演する有名なタレントや、大ヒット作をかくまんが家、小説家、プロ野球のスター選手などは、たくさんのお金をもらいます。

でも、このような職業は、なりたい人が多いのに比べて、その仕事につける人の数はごくわずかです。せっかくその仕事についても、有名にならなければ、収入は少なくなります。また、有名になっても、けがや病気になったり、人気がなくなったりすると、お金がもらえなくなります。

人気の職業と収入の関係

アイドル
テレビ番組やCMに出演すると、出演料がプロダクションに入る。CDの売上やコンサートのチケット代がプロダクションに入り、そのお金の一部が給料になる

まんが家
かいたまんがが雑誌にのったり、本になって発売されたりすると、原こう料や印税とよばれるお金がもらえる。まんがが大ヒットすれば、たくさんの印税が入る

プロ野球選手
前の年にどれだけ活躍したか、次の年にどれだけ活躍しそうかによって、球団が年棒（1年間の給料）を決める。そのほか、有名になるとCMなどに出ることで出演料がもらえる

お金のクイズ

アメリカのプロ野球チーム「ヤンキース」に所属する田中将大選手が、1年間にもらう給料はいくら？

❶ 約25億9600万円
❷ 約2億7000万円

答え⇒29ページ

第2章 くらしの中のお金

銀行や信用金庫ってどんなところ？

銀行の中はこうなっている！

金庫
現金や重要な書類が保管されている

営業係
お金を借りてもらったり、お金を預けてもらえるよう、お客さんに働きかける係

貸金庫
お客さんの大切な物が保管されている

支店長
そのお店の責任者

ATM
この機械（32ページ）でお金をおろしたり、振りこんだりする

融資係
お客さんにお金を貸し出す手続きをする係

案内係

窓口1
お金をおろしたり、預けたり、税金を払うお客さんに対応する

出入口

窓口2
お金にまつわるいろいろな相談を受ける

応接室
銀行員とお客さんが相談する場所

銀行って何をするところ？

　お父さんやお母さんが、よく利用する「銀行」とは、どんなところでしょうか。
　出入口にずらりと並んだATMという機械では、お金を預けたり引き出したり、お金をどこかに送ったりすることができます。窓口でも同じようにお金の出し入れができます。また、窓口ではあらたに銀行の口座※をつくったり、お金の両替をしたりします。
　銀行と同じような仕事をしているところとして、「信用金庫」があり、信用金庫の窓口も同じようなかたちになっています。

※銀行とお金のやりとりをするための架空のお財布のようなもの。お金の出し入れは口座を通して行う。

銀行・信用金庫の仕事

銀行や信用金庫には大きく３つの役割があります。ひとつは会社や人のお金を預かることで、これは「預金」または「貯金」といいます。

銀行や信用金庫は、預金を使ってほかの会社や人にお金を貸します。これが銀行のふたつめの役割で「貸出」または「融資」といいます。

３つめの役割は、お金を移動させる仕事です。会社からの給料を社員ひとりひとりに支払ったり、ＡさんがＢさんにお金を送ったりするときに、銀行や信用金庫がその手続きを行います。これを「為替」といいます。

大切な３つの仕事

預金　お金を預かる　窓口係

貸出　お金を貸す　融資係

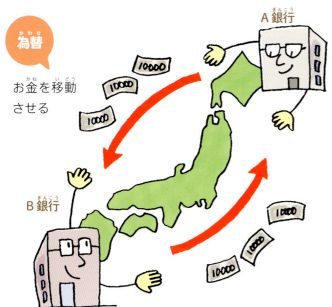

為替　お金を移動させる　Ａ銀行　Ｂ銀行

これを銀行の三大業務というよ

？お金のクイズ？

銀行の仕事ではないものは、どっち？

1. お金を送る
2. 切手を売る

答え⇒31ページ

27ページの答え…①。2016年の金額（推定）。プロ野球選手の中でも、実力と人気のある有名選手の年棒はとても高い。

第2章 くらしの中のお金

お金を預けるって、どんなこと？

貯金箱とは何がちがうの？

みなさんは、おこづかいをもらったら、そのお金をどうしますか。ほしいものを買うために、貯金箱に入れて貯める人もいるでしょう。でも、貯金箱に入れておくだけでは、お金は1円も増えません。ところが、銀行や信用金庫に預けると、お金は増えていきます。

銀行や信用金庫に預金すると、自分の預金通帳とキャッシュカードがもらえます。預金通帳というのは、預金した金額や日付を記録するためのものです。一方、キャッシュカードは、ATM（32ページ）という機械からお金を引き出すときなどに使います。預金したお金を引き出すときは、通帳と印かん、または、キャッシュカードが必要です。

そして、銀行や信用金庫などに預金すると、新しく口座にお金を入れなくても、少しずつ増えていきます。この増えるお金の割合を「金利」といいます。

お金がふえるしくみ

預けたお金の行き先は？

銀行は、みなさんからお金を預かると、それを使って、いろいろな会社やいっぱんの家庭にお金を貸します。会社ではそのお金を使って、自分たちの仕事をしますし、いっぱんの家庭では、新しく家を建てたり、自動車を買ったりします。

銀行にお金を借りた場合、少し上乗せして返すことになります。上乗せした分のお金を「利息」といいます。この利息と、預金につける利息との差が銀行のもうけになります。

銀行を通じたお金の流れ

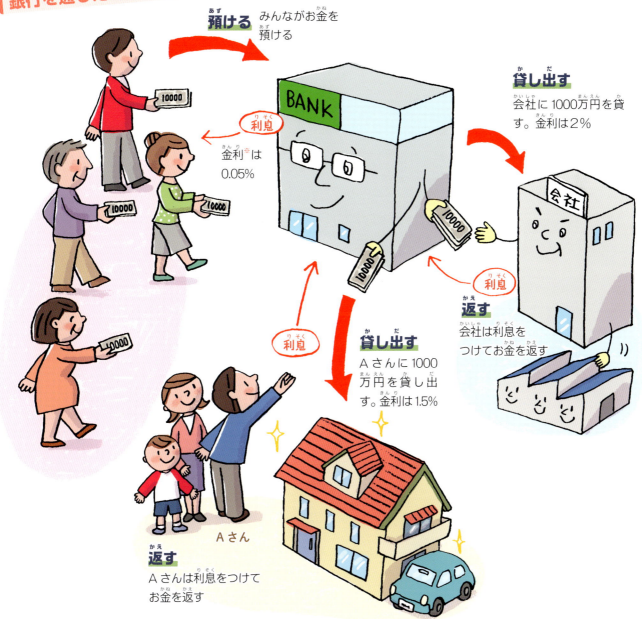

預ける みんながお金を預ける

利息 金利※は0.05％

貸し出す 会社に1000万円を貸す。金利は2％

返す 会社は利息をつけてお金を返す

貸し出す Aさんに1000万円を貸し出す。金利は1.5％

返す Aさんは利息をつけてお金を返す

※金利は預けたり貸したりしている期間や、そのほかのさまざまな条件によって変わる。

29ページの答え…②。

第2章 くらしの中のお金

お金が出てくるスゴい機械「ATM」って何？

ATMでお金を引き出す

1 キャッシュカードを入れる

お金を引き出すためには、キャッシュカードが必要になる

2 暗証番号※を入力する

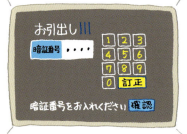

コンピュータが暗証番号によって、そのカードが本人のものかどうかを確認する

※そのカードの持ち主しか知らない4ケタの番号。

3 金額を入力する

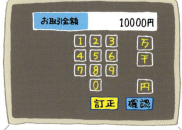

コンピュータが金額を確認する

4 現金を受け取る

取り出し口から、現金が出てくる

便利なATM

銀行の中には、ATM（現金自動預け払い機）という機械が置かれています。ATMを使うと、お金を預けたり、引き出したりすることができます。ATMと銀行のコンピュータはつながっていて、わたしたちがATMでお金を出し入れすると、銀行のコンピュータは「その人がいくらを銀行に預けているのか」という情報を新しく書き換えます。

ATMはコンビニエンスストアや駅の中にもあります。これらの場所にあるATMを使うと、銀行の中のATMとはちがい、夜のおそい時間でもお金が引き出せるのでとても便利です。コンビニエンスストアなどのATMでは、いつでもお金をおろせますが、手数料がかかることがあります。

お金を送る・受け取るしくみ

ATMを使うと、自分の口座から、ほかの銀行にあるほかの人の口座に、お金を送ることもできます。これを「振込」といいます。このとき、ATMの中のお金が、そのままほかの人に送られるわけではありません。「どの銀行のだれの口座に、いくら送られたか」というお金についての情報（データ）が送られ、お金が移動したことになるのです。

お金を送られた人は、自分の近くのATMに行き、その中にあるお金をおろすことができます。なお、ほかの銀行にお金を送る場合は、手数料が必要になります。

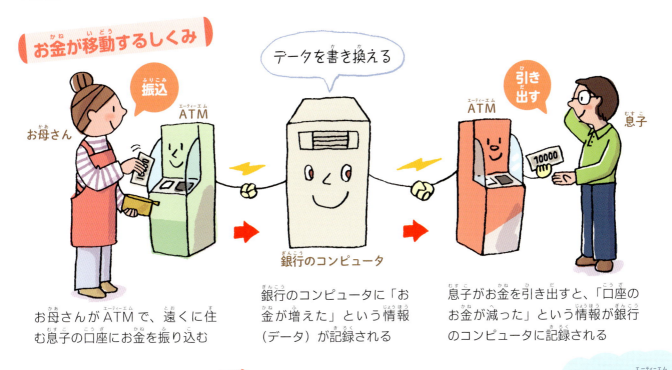

お金が移動するしくみ

- お母さんがATMで、遠くに住む息子の口座にお金を振り込む
- 銀行のコンピュータに「お金が増えた」という情報（データ）が記録される
- 息子がお金を引き出すと、「口座のお金が減った」という情報が銀行のコンピュータに記録される

コンビニの中にあるATM

コンビニのATMではいろいろな銀行のキャッシュカードが使えるよ

コンビニに置かれているこの機械もATM。銀行の中にあるATMと同じように、お金の出し入れや振込をすることができる

第2章 くらしの中のお金
銀行はだれにでもお金を貸してくれるの?

銀行がお金を貸すのはこんな相手

　会社が新しい工場を建てたり、新しくたくさんの材料を仕入れたりするときには、とても多くのお金が必要になります。また、お父さんやお母さんが車や家を買ったり、みなさんが大学へ進んだりするときにも、まとまったお金が必要です。このようなとき、会社や個人に対してお金を貸すことが、銀行の大事な役割のひとつです。

　でも、貸したお金がもどってこなければ、銀行は損をしてしまいます。そのため銀行は、だれにでもお金を貸すわけではなく、貸す相手がお金を返してくれそうかをくわしく調べて、返してくれそうな相手にだけ貸すのです。

いろいろな金融機関

　銀行や信用金庫など、お金をあつかう会社を「金融機関」といいます。銀行は日本国内の広い範囲にお店をもっていて、銀行によっては海外にもお店があります。銀行とよく似ている金融機関に信用金庫があります。信用金庫は、その信用金庫の近くのかぎられた地域だけにお店を出します。地域の人びとに密着した業務を行うためです。

　また、郵便局や農業協同組合、信用組合も金融機関の一種で、お金を預けることができます。このほか、証券会社（41ページ）や保険会社（42ページ）も金融機関の一種です。

信用金庫
信用金庫のある地域に住んでいる人は、預金口座をつくり、お金を借りることができる。住んでいなくても、その地域で仕事をしていれば、お金を借りられる

信用組合
地域で暮らす人びとや会社、商店が組合員となり、助け合うための組織。ふつうは、組合員だけに預金と貸出を行なうが、例外もある

郵便局（ゆうちょ銀行）
郵便局でもお金を預けることができる。預けたお金は「貯金」とよばれる。全国にあるが、1300万円までしか貯金できない

農業協同組合
農家の人がおたがいに助け合うための組織。農家の人が農機具や肥料などを買うときに、農業協同組合は低い金利でお金を貸し出す

第2章 くらしの中のお金

お年寄りがもらう年金って何？

年金制度のしくみ

若い人たち / 会社員 / 自営業 / 保険料

一定の期間、国に保険料を納める

決められた額の年金を受け取る

お年寄り / 年金

みんなが老後を安心して暮らせるように、支えあうしくみだよ

年金のしくみ

　生活するには、お金が必要です。みなさんの生活にかかるお金は、お父さんやお母さんが仕事をしてもらう給料でまかなわれています。

　しかし、年を取ると働けなくなり、給料ももらえなくなります。年を取っても暮らしていけるように、国からお年寄りに支払われるお金が「年金」です。若い人たちが「保険料」とよばれるお金を国に納め、そこから年金としてお年寄りに支払われるのです。年金制度は、若い人たちがお年寄りを支える「支えあいのしくみ」といえます。

年金がもらえる人って？

年金は20〜60歳の間に保険料を支払っていれば、65歳からもらえます。年金がもらえる年齢は、年金制度が始まった当初は55歳でした。それが60歳になり、現在は基本的に65歳からになりました。今後も、年金をもらえる年齢が引き上げられるかもしれません。

また、年金には、障害を受けたときや家族が亡くなったときに支払われるものもあります。

若い世代とお年寄りの人数

むかし　保険料を納められる若い世代がたくさんいた

今　現在の日本では、若い世代が減り、年金をもらうお年寄りが増えている。そのため、十分な年金を用意できなくなりつつある

このようなときも、年金がもらえる

障害年金
事故や病気などで、身体が不自由になるなど、障害を受けたとき、「障害年金」を受け取ることができる

働けなくなったり、家族でお金をかせぐ人がいなくなっても、年金をもらえるのね

遺族年金
お父さんやお母さんが亡くなると、残された家族は生活に困るので、その家族（遺族）に対して「遺族年金」が支払われる

第2章 くらしの中のお金

100円の物が、なぜ108円なの?

消費税って何?

わたしたちがお店で物を買うとき、100円の物を買おうとして100円玉を出すと、レジには108円と表示され、100円玉だけでは買うことができません。

この差額の8円※は、「消費税」といわれるものです。消費税は税金の一種で、国や市区町村に納められ、年金や医療、介護のために使われます。

消費税のしくみ

※ 仮に消費税率が10％の場合は、10円が消費税になる。

消費税以外の税金と使い道

消費税はみなさんに身近な税金ですが、税金にはほかにもさまざまな種類があります。たとえば、給料の一部を税金として納めるのが所得税です。所得税は、たくさん給料をもらっている人ほど多くの税金を支払うしくみになっています。また、住んでいる都道府県や市区町村に納める税金（住民税）や、自動車を持っている人が支払う税金（自動車税）などもあります。

こうして集まった税金の一部は、わたしたちの生活のために使われます。公立の図書館でお金を払わずに本を借りられたり、119番をすれば救急車や消防車が来てくれたりするのも、税金のおかげです。

税金の身近な使い道

ごみ焼却場
ごみを処理するお金は税金でまかなわれている

救急

信号

国立・公立の図書館

上水道

歩道橋

消防

市役所
市役所で働く人の給料は税金から支払われる

老人ホーム
老人ホームの中には、利用料の一部が税金でまかなわれていて、安くサービスが受けられる場合がある

国立・公立の小学校
税金を使って建てられている。また、教科書など、学校での勉強に必要な物にも税金は使われる

道路
道路をつくり、住みやすいまちをつくる

警察

❓ お金のクイズ ❓

本当にある税金はどっち？

❶ ヨーロッパの「犬税」

❷ アフリカの「ライオン保護税」

答え ⇒ 41ページ

39

第2章 くらしの中のお金

株って何だろう？

株のしくみ

会社を始めるためには、工場を建てるお金や、会社で働く人の給料を支払うためのお金を用意しなければいけません。しかし、ひとりの力でこれらの大金をいきなり用意するのはたいへんです。

そこで、たくさんの人に少しずつお金を出してもらい、そのお金をもとに会社をつくります。このような会社を「株式会社」といいます。株式会社は、お金を出してもらった人たちに、会社の持ち主の一員になれる権利を売ります。この権利のことを「株」といい、お金を出した人を「株主」とよびます。

会社がもうかったら、もうけの一部を株主に支払います。これを「配当金」といいます。

たとえば、1株1万円の株式を、100人が1株ずつ買ってくれると、100万円のお金を集められる

株を売り買いしてもうけを出す

株を持ち続けていると、配当金がもらえます。そのほかにも、「株主優待サービス」といって、株主しか受けられない特典があります。たとえば、鉄道会社の株を持っていれば、乗車券がもらえたり、レストランで食事ができたり、テーマパークの1日無料券などが送られてきたりします。

また、株を売り買いして、お金をもうけることもできます。ある会社がもうかると、みんながその株を買いたがり、株の値段は上がります。逆に、会社があまりもうかっていないと株の値段が安くなります。株の値段が安いときに株を買い、値段の高いときに株を売れば、その差額がもうけになります。株を売り買いするときは、「証券会社」にたのんでかわりにやってもらいます。

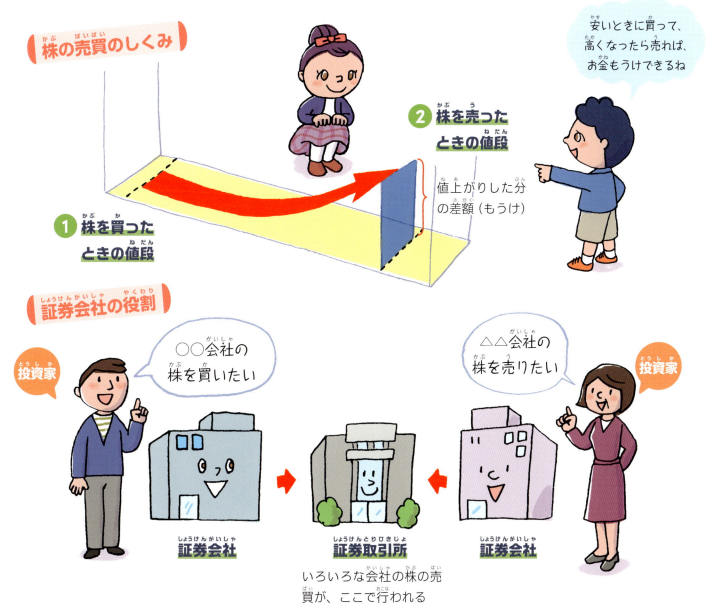

株の売買のしくみ

1 株を買ったときの値段
2 株を売ったときの値段
値上がりした分の差額（もうけ）

安いときに買って、高くなったら売れば、お金もうけできるね

証券会社の役割

投資家：○○会社の株を買いたい
証券会社 → 証券取引所 ← 証券会社
投資家：△△会社の株を売りたい

いろいろな会社の株の売買が、ここで行われる

39ページの答え…①。ドイツなど、ヨーロッパのいくつかの国では、犬を飼っている人は「犬税」を支払わなければいけない。

第2章 くらしの中のお金
保険は何のためにあるの？

保険って何だろう？

みなさんがある日突然交通事故にあい、長い間入院しなければいけなくなったら、入院代や手術費用などでたくさんのお金が必要になります。病気のときも同じです。このように、ある日突然大金が必要になる前に備えておくのが「保険」です。

保険に加入すると、保険会社に少しずつお金を支払います。そして、その保険に加入している人のだれかに万一の出来事があり、大金が必要になったら、保険会社が集めたお金を支払って助けるのです。保険は、人びとの助け合いのしくみといえます。

保険のしくみ

加入者

多くの加入者が、保険会社に少しずつお金を支払う

保険会社

加入者のうちのだれかが病気やけがをしたときには、保険会社からまとめてお金が支払われる

集めたお金の一部を、困っている人に支払うしくみなんだね

こんなとき保険は役に立つ

保険には、「生命保険」「医療保険」「火災保険」など、さまざまな種類があります。

生命保険は、家族の中でお金をかせいでいる人などが亡くなったとき、残された家族がお金に困らないようにするための保険です。

医療保険は、病気やケガで入院したり、手術したりしたときにお金が支払われる保険です。

火災保険は、火事による損害に備えるものです。このほか、地震に備える地震保険、旅行中の事故などに備える旅行保険などがあります。

いろいろな保険

生命保険
家族でお金をかせぐ人などが亡くなったとき、残された家族の生活費をまかなうための保険

医療保険
入院や手術の費用に備える保険

火災保険
火事で家や持ち物を失ったときに、お金が支払われる

自動車保険
交通事故がおきたとき、車を修理したり、事故にあった人の治療費を出したりするための保険

❓お金のクイズ❓

なぜ、保険会社の中には「○○海上」という名前の会社があるの？

❶ もともとは海上保安庁が保険をつくったから

❷ 船の保険をあつかっていたから

答え⇒45ページ

第2章 くらしの中のお金

おとなになるまでにいくら必要？

生まれてから大学卒業までに必要なお金（学校以外）

合計 1640万円

- 約91万円 出産・育児費（0歳）
- 約451万円 おこづかい
- 約141万円 衣料費
- 約671万円 食費
- 約193万円 保険医療・理美容費
- 約93万円 その他（22歳）

赤ちゃんがおとなになるまでにかかるお金

みなさんが生まれてからおとなになるまでには、たくさんのお金がかかります。お母さんが出産するときの入院代や、ベビーカー、おむつやミルクなどの育児用品を買うためには、お金が必要です。毎日の食事や服を買うためにも、お金がかかります。もし、病気やけがをしたら、病院の診察費や薬代を支払わなければいけません※。

このページでは学校以外で必要な費用を紹介しています。ある調査によると、大学を卒業して就職するまでの22年間に、約1640万円必要だといわれています。

※自治体のほとんどが、子ども（たとえば15歳まで）にかかった医療費の一部をお父さんやお母さん（保護者）に支給する制度をもうけている。

学ぶためのお金

みなさんが学校に通うのにも、お金が必要です。学校は国公立だとあまりお金がかかりませんが、私立は学費が高いです。とくに医者になるための大学は、私立の場合はものすごくお金がかかり、しかも6年間通う必要があります。

また、塾へ通ったり、大学受験に落ちて予備校に通うことになれば、さらにお金が必要です。地元からはなれた場所の大学に通うため、一人暮らしをすれば、そのときの部屋代や生活費なども必要になります。

学校や塾などにかかる費用

合計 771万円（国立大学の場合）

- 国立大学（4年間） 約269万円
- 私立大学（4年間） 約528万円
- 公立高校（3年間） 約115万円
- 公立中学校（3年間） 約135万円
- 公立小学校（6年間） 約183万円
- 公立幼稚園（3年間） 約69万円

大学を卒業するまでには、家が一けん建つくらいのお金が必要なんだね！

お金のクイズ

どっちの授業料が高い？
1. 日本の公立小学校
2. フランスの公立小学校

答え ⇒ 47ページ

※参考：文部科学省「子供の学習費調査」平成24年度 ほか
学校教育費、学校給食費、学校外活動費の合計

43ページの答え…②。もともとは船がちんぼつしたときに船の積み荷の弁しょうをするための損害保険を取りあつかっていた。

第2章 くらしの中のお金
お金をムダづかいしない方法は？

本当にほしいかどうかを考えて！

テレビのCMで見るゲームや、キャラクターのついた文ぼう具、おかしのおまけなどを見ると、つい買いたくなりませんか。これは、商品をつくる会社が、商品をみんなに買ってもらえるように一生懸命工夫をしているからです。

しかし、広告やおまけなどにひかれて物を買い続けてしまうと、お金はすぐになくなってしまいます。本当にそれがほしい物なのかをよく考えて物を買わなければいけません。

ほしい物があったら、どうする？

みなさんがもし、毎月おこづかいをもらっているのであれば、そのお金はすぐに使うのではなく、なるべく貯めておくようにしましょう。毎月1000円のおこづかいをもらっていて、2000円の物がほしくなったとき、ふだんからお金を貯めていれば、すぐに買うことができます。自分の貯金よりも高い物がほしくなった場合は、お父さんやお母さんに買ってもらう前に、まずは自分の貯金が十分にたまってから買うことを心がけましょう。おこづかい帳をつけていれば、自分がいまいくらお金を持っているのかがすぐわかります。

おこづかい帳をつけよう

おこづかい帳をつけたら、1か月に1度か2度、おうちの人に見てもらいましょう。

45ページの答え…①。フランスでは、公立小学校の授業料は無料。

監修
泉 美智子（いずみ みちこ）
公立鳥取環境大学経営学部経営学科准教授。
「子どもの経済教育研究室」を設立。全国各地で金銭・経済教育を機軸に講演活動を行う傍ら、経済絵本作家として執筆多数。テレビやラジオにもコメンテーターとして出演。日本児童文学者協会会員。FP学会会員。

執筆
今井 明子（いまい あきこ）

イラスト
すみもと ななみ

編集担当
吉川 令那（近代セールス社）

編集協力・デザイン
ジーグレイプ株式会社

写真協力
上野明雄／国立印刷局／株式会社ジェイアール東日本企画／株式会社ジェーシービー／株式会社七十七銀行／株式会社小学館／株式会社セブン銀行／造幣局／トラベレックスジャパン株式会社／奈良文化財研究所／日本銀行金融研究所貨幣博物館／東日本旅客鉄道株式会社／ほか

参考文献
『銀行員になるには』（泉美智子著、ぺりかん社）
『500円玉の旅 お金の動きがわかる本』（泉美智子著、少年写真新聞社）
『中学社会 公民的分野』（林 敏彦・藤井讓治ほか著、日本文教出版）
『はじめまして！10歳からの経済学（①〜⑥巻）』（泉美智子著、ゆまに書房）
『ほけんってなんだろう』（泉美智子著、近代セールス社）
ほか

この本の情報は、2016年9月現在のものです。

お金のヒミツ なぞとき図鑑

2016年11月22日　初版第1刷発行

定価はカバーに表示しています

編　者　近代セールス社
発行者　福地　健

発行所　株式会社 近代セールス社

http://www.kindai-sales.co.jp/
〒164-8640　東京都中野区中央1-13-9
電話 03-3366-5701／FAX 03-3366-2706

©2016 Kindai-Sales sha Co.,Ltd
印刷・製本　図書印刷株式会社
ISBN 978-4-7650-2054-1

本書の一部または全部を無断で複写・複製あるいは転載することは、法律で定められた場合を除き著作権の侵害になります。

クロスワードパズルの答え

1 ク	レ	2 ジ	3 ッ	4 ト	5 カ	F ー	6 ド
リ	■	7 コ	ウ	ウ	ン	■	セ
8 ス	9 ズ	■	10 カ	シ	■	11 カ	イ
12 マ D	ガ	13 モ	■	14 カ	15 リ	ブ	■
ス	■	16 ウ	17 デ A	■	18 サ	ヌ	19 キ
■	20 ホ	ケ	ン	21 ガ	イ	C シ	ャ
22 フ	カ	■	23 ゴ	カ	ク	■	ベ
24 ネ E	ン	キ	ン B	■	25 ル	ー	ツ

Ⓐ〜Ⓕをつなげると……

デンシマネー（電子マネー）

ちょっとむずかしかったかな？

わからない言葉は調べてみてね！